STRAVAIGIN

LIZ NIVEN was born in Glasgow in 1952. She moved to Galloway with her husband and three children in 1982. A former teacher and Scots Language Development Officer, she is currently Writer-in-Residence for Dumfries and Galloway Arts Association.

In 1986, she was awarded a Scottish Arts Council Writer's Bursary and her poetry has appeared in many literary magazines and in installations in oak, granite and metal on the River Cree in Galloway, published as *Cree Lines.* She has been involved in writing and editing a wide range of materials for Scots language in education, including the Saltire/ TES award-winning *The Kist/A Chiste, The Scots Language: Its place in Education, It's a Braw Brew,* and Channel 4's *Haud yer Tongue.* She is also one of the commissioned writers for Scottish Cultural Enterprise's Year of the Artist, 2000–1, her project engaging with land users in south-west Scotland.

STRAVAIGIN

Liz Niven

To Cathy
a fellow wordsmith
from Liz

CANONGATE

To John

First published in Great Britain in 2001 by
Canongate Books Ltd, 14 High Street,
Edinburgh EH1 1TE

10 9 8 7 6 5 4 3 2 1

The publishers gratefully acknowledge subsidy from the
Scottish Arts Council towards the publication of this volume

British Library Cataloguing-in-Publication Data
A catalogue record for this book is available
on request from the British Library

ISBN 1 84195 134 X

Typeset by Patty Rennie Production, Glenbervie
Printed and bound in Great Britain by Bookcraft

www.canongate.net

CONTENTS

'We go with the wave of our time, getting whatever is to be got out of it.'

NAOMI MITCHISON

ACKNOWLEDGEMENTS

My thanks to the Scottish Arts Council and to Jenny Wilson, Director of Dumfries and Galloway Arts Association, for a Writing Fellowship which allowed me to complete this collection; Judy Moir and Janet Paisley for their editorial and inspirational encouragement respectively.

Some of these poems have been published in *Nomad, New Writing Scotland, The Eildon Tree, Skinklin Star, Chapman, Lines Review, Mr Burns for Supper, Ullans, Lallans, Scottish Child, Markings, Gairfish*. 'Stravaigin' was one of DGAA's poetry postcards. 'Loch' was joint second prize in the McCash poetry prize 1999.

LIZ NIVEN

ONE

STRAVAIGIN

Stravaigin

Like fitprints
in peat bog,
we've left wir mark.
Even the moon cairries the stamp
o a Borders man.
Strang arms reach roon the globe
sing 'Auld Lang Syne',

The warld wears a kilt,
nane the waur forrit.
A warp an weft o trevellers.
Wha's like us?
Fit prints like?

The Mairch o the Legions

Dae ye ken aboot the Romans?
They wes here in yin AD
Maircht right intae England
As gallus as can be.

Thir Emperor wes Hadrian,
An he telt them yin an aw,
Tae gan up tae the North o Britain
An build a muckle wa.

An efter they had built it,
An steyed a year or twa,
They wanted even mair grun,
'We'll jist hae Scotland an a.'

They stertit marchin norwards
Wi thir legions an thir army.
The weather chynged, an midgies?
They began tae drive them barmy.

Noo if ye want tae be exact
An ken aboot the time,
Then this new wa wis built aroon
Yin hunner an thirty nine.

Bit they soldiered on tae conquer,
An occupy the sticks,
Until they met thir matches
They hadnae reckoned on the Picts!

Wi paintit face, ferocious cries,
An rid an flowin hair,

The angry Picts jist knocked them back
An cried *'Enough! Nae mair!'*

Bit the Romans wir that thrawn
That they couldnae tak a tellin,
Still they tried tae conquer mair
O oor Caledonian dwelling.

The Romans then decided
That they'd build anither wa,
An try tae keep the Picts at bay
Sae thir Empire widnae fa.

By this time back in Rome
The Emperor had changed,
It wisnae Hadrian onie mair,
Bit Antoinine he's named.

Noo this wa stretched, fae east tae west
Wi seventeen forts an aw,
The Kelvin bridged, signal towers,
Wuid an a big turf wa.

Fae Bridgeness near Bo'ness,
Tae aul Kilpatrick near Bearsden,
Ye can still see bits in Fawkirk,
Bit a turf wa disnae mend.

An that's why a the time,
If there's a Roman wa discussion,
Fowk ken fine o Hadrian's
Bit o Antonine's ken nothin.

An even less is mentioned
O the road they built at Gask,

Wi nine guid timbered towers
Tae watch fir Picts that passed.

Oan tap o that the reason,
That Hadrian's was weel kent,
Is that Roman Rule in England
Made a gey faur bigger dent.

So tae feenish aff ma story
There a pynt A hae tae make,
These treaties an legalities
The Scots fowk didnae take.

Tae be pairt o the Roman Empire,
We never did consent.
As faur as Scotland wis concernt,
They came, they seen, they went.

Background Music

Born a Glasgow girl,
with glottal stop, no Gaelic lilt,
rare country trips a treat
for smoky, city bones.
A rural glimpse of Highland mists
were not my bedtime tales,
though Father sang of Ireland
when his mandolin was tuned,
or played harmonica to haunt my dreams.
But of his father's land,
I never caught a glimpse of green.

Then, entering Ireland this year,
(a fortieth wedding gift from all the family)
my father's harmonica was removed at Customs.
A 'suspicious instrument' indeed.

Once into the South, far from the Troubles,
at the Wexford farm of an old aunt,
they gathered round to hear his tale.
Peat fires, hot scone smells mingled
the wind hummed animal sounds.
Suddenly, his aunt rose, black skirts rustling,
knobbled wrist reaching to the rafters,
and on a beam lay the ancient Hohner.

Old faces smiled, cousins clapped.
My Scottish father played
till the wind dropped and the fire died
and through them all,
behind the very fabric of the house,

sang the music of the years
that link us all.

Once home, to Glasgow's South,
harmonica retrieved,
we gathered round to hear his gift retold;
Gas fire contracting, microwave buzzing,
city wind whistling a traffic sound concerto.
And second hand we lived the trip,
got back the confiscated roots,
that will be ours till,
the fires all fade,
last notes die.

Three Prague Poems

1

IN THE JEWISH QUARTER

In this citie o whispers
doon daurk, smokey vennels
windin, we reached the Jewish quarter.

A Golem rins fae the graveyard
an the win is readin quate
in the sma synagogue.
Breathin oot the names
written fae flair tae ruif
o the deid Jews.
Lines loast when Russians
'Restored' the was.

Noo wirkmen redraw wi care
these pincil guidelines,
scrieve again the names.

History rewritten yince mair.

2

EXILE

Wi'oot leavin yer ain lan
ye can still be an exile
wha watches the lies o
the lan, the leid
aw taen fae within.

A sleekit kinna wey
o kiddin ye wi
veneers o democracy.

At least here in Prague
it wis clear that
oppressors wir in.
An ye kent fir sure
when they left.

3

MARTYRS

At Jan Palak Square,
A mindit on oor ain martyrs,
a thoosan mile awa.
Twa wummin, young an auld,
droont ower the heid o releegion,
in Covenantin times.

In twentieth centurie Prague
he died be fire,
tae speir fir freedom,
fae Communist rule;
this young student,
Be his ain thin haun.

Enough ye'd think,
tae crack thon icy hairts.

Woman in a Headsquare

She's there. On my TV.
Fifty maybe. The scarf white, patterned.
Lifelong, the women I've known,
wearing headsquares of checks, circles,
little flowers,
were ordinary folk;
family sorts who,
fetch the shopping, do the washing,
love their children.

Or, sometimes,
an aristocratic type, posing,
in a silk square, by horses.

This woman's weeping now,
headscarf knotted beneath her chin,
like a tiny, white bird of peace;
black lines under
eyes glistening
with the freshness of pain.

In this Argentine Place of
Government buildings,
they march on Thursdays,
the women in headsquares.

Printed names of sons,
crawl round and round,
over and over the neat scarves.

Keeping out wind and rain,
clothing memories,
of every nightmare day spent
since their sons were taken.

Elegy for the Song of Peace
(on the assassination of an Israeli Prime Minister)

A leader of nations has fallen,
shot while singing at the peace rally,
and we are all weeping once more.

Negotiations and
bodyguards have failed;
Medicine couldn't save.

In the bloodstained suit, they found
a bullet through his pocket
which had pierced 'The Song of Peace'.

The paper shattered,
ragged,
unprotected from rapid lead.

All the singing in the world
will not unite us till,
divisions between men
grow thin as paper.

Tourists at Auschwitz

We'd been telt
nae birds wid sing.

True it wis bit tall trees
shrooded brick wark camps.

Row upon row, they stretcht,
far as the greetin een cuid see.

Hidden fae view,
gas chaumers lay buriet,
unner foondations crummlt,
as butcher builders fleed.

A million an a hauf stanes pave
memorials in monie tungs.
A brick fir ilka deid sowel.
Vyces are low, few picters taen.

Nearhaun, a watter-fillt hollow,
algae covert, still hauds human ash.
A haun-wringin guide tells us mair.
Wirds hing heavy.

Intae sic silence,
a green puddock lowps a perfit bow,
oan the staignant loch.

Tattoos

Visiting my son,
a teacher in Warsaw,
we tell him his sister
has a tattoo.
A green seahorse
swims on her ankle.
He laughs,
looks forward to seeing her soon.

Later, he tells us
of his students.
In conversation classes,
they talk of the war,
tell him of parents,
grandparents,
tattooed numbers
on their arms.

Nightmares
burning deeper still.

The Songdogs

For the Navajos,
songdogs howled the world into existence.
Aborigines sang in roads,
celebrated the Dream time.

In this country,
driving the bypass, you see old roads.
Overgrown, barely tracks,
used for lay-bys, storing hay, dumping gravel, or,
weighted under wet, black tyres,
shining like curled slugs.

Songdogs should have sung
these roads *out of* existence.
Through centuries they've
carried horse, upheld cart,
maybe even listened to a pilgrim's heart,
nearing its sacred destination.

Now,
without ceremony, or worse, sleighted
by speeches at bypasses,
these old roads, redundant overnight were
labours of past peoples, primitive tools
– all forgotten; ghosts without trace.

Forgetting unsettles;
roads, people, it's all one.
Tracks cover quickly till,
they might never have been.

Even ceremonies marking
our own leaving become bare memories.

So, next time,
on a dark night driving the bypass,
cold wind whistling through trees,
turn down the radio. Listen.

Listen for the songdogs of the old roads.

Obsessions

At South Beach, Vancouver Island,
A tourist has drowned.

Swept into the sea
off rocks sun-bleached,
bewigged by bladder wrack,
black seaweed,
he'd watched for the starfish.

Fascinated by their beauty,
bewitched by their grace,
their five-pointed elegance
a sky-fallen gem.

The wave came sudden as a backslap.
Now, lapping gently with the tide,
a new sea-creature spreads its limbs
akimbo;
unblinking waits for dreaming tourists,
who'll come starfish struck,
by the same seaspell.

In cold countries, winter creeping past,
folk leaf through sunkist brochures,
warned of passport problems,
sunstroke, cancers, jetlag dangers.

Though, never of how,
in the journey of a lifetime,
you could be sucked like a selkie
into a spell that not only water
weaves so well.

First Death

Seeing a chiropodist
with his travelling tin box,
well-equipped, compact,
reminded me of Gran.

Those wafer-thin instruments against the parched skin;
Glinting eels against a sun-baked soil crust.
Seventy year old toenails hard-curled and yellow.
Little turtles, I'd think, waiting,
with my twelve year old pink corns.

Praying round the coffin
I couldn't kiss her
wanted to lay my hand
on her cold feet
jutting from the gown.

All the way to church
in my best leather shoes,
I curled my cold, toes tightly.

The Great Russian Dream

Berta Jaferova woke,
hair frozen to barracks wall
guards and dogs marching her to forests
in Kolyma's Gold Fields.

At twenty seven,
her doctor's skills,
her soul, imprisoned
in Stalin's Siberia.

At the end of a long day cutting timber,
in rags and blankets for the cold,
snow to her waist,
the log pile tumbled.
And only then she wept.

Even now,
clean hair on warm pillow,
will she lie listening
lest the log stack shifts?

Webs not Roots
For Alastair Reid

The famous writer is leaving:
back to the States.
He's seen his homeland,
small village of childhood,
hasn't changed much.
At root, has he?

Wide-eyed yet, other shores still call,
Curiosity not dulled by sixty years of travel.
'Webs not roots,' he writes,
'Two small bags is all you need.'
Light, easy, he's off.

Left here with our filled house
of books, papers, dishes, chairs,
could we do that?
Dump it all and go?
Lodge (as he does sometimes)
in someone else's clutter?

A groaning bookcase eyes me.
The favourite rug shifts under my foot.
The cat climbs onto my lap
curled like a questionmark.

Stravaiger's Rest

Oor forefaithers fished here,
doon in the Cree.
Fairmers sheared sheep,
cropped gress, fed kye.
Nae different fae folk noo.

Here by the roadside,
new noises are heard.
Nae cairts or horses gan thir slow gait,
heavy soons,
fae west's green isle,
tae Europe's route east.
Some even travel new highways o space.

Rest fir a while,
afore gangin oan,
intae the slipstream –
gull flight, salmon swim, mayfly dart –
yer ain element, ain rhythm,
wished well in aw ye dae.

*This poem is inscribed on a granite seat at the A75 bypass
between east and west Galloway.*

Bebe, Backpacker, Ya Ya

Here, at Vrachos beach,
backpacker's paradise,
the sun torches the bleacht verandah
an anither Greek mornin begins.

The auld Ya Ya, skin a twin
tae the olive trees she moves unner,
teeth broon as her bent stick,
fins sunspots wi her auld black cat.
Wance, her knackered donkey taen,
she vowed tae retrieve it by scooter.
Her auld radio, tuned tae ancient hymns,
wantin a battery, fun two in
the DJ's guitar tuner.
Auld lady like a Trojan horse,
faimilies, this country, is foonded on her like.

The American traveller leans on the bar
eighth Cherokee, he tells us;
nae reservations aboot sharin
his Vietnam experience.
His baseball cap nods ower drugged eyes,
'They never take your last son.'
He recoonts a mither's tragedy in a soothern state.

Bebe, six month auld,
an nae name yet,
slithers across the flair,
waits fir the Feasting Day
tae fin a name.

Bebe, backpacker, Ya Ya,
aroon this Greek bar at mid mornin, mid-life,
you are a cocktail o oor time here, there, everywhere.
Exotic, distant fae oor far aff hame.
Babies labelled on arrival,
grannies cal tae thir shilbit banes,
wir young men havenae seen a war yet.

Travel braidens horizons tae infinitie,
pits questions intae dry mooths.
Ahint the bar, the silvered mirror
clocks me lookin,
checks ma every movement.
Stravaig the world aye,
bit ye'll no shed thon.

TWO

DEVORGILLA'S LEGACY

In the 13th century Dervorgilla (or Devorgilla, as a bridge and a sculpture in Dumfries are named after her) founded Sweetheart Abbey in memory of her husband John Balliol. It is said that, until her death, she carried his embalmed heart in a silver casket. Her own father's lineage went back to Fergus, King of the Gallovidians. She was extremely wealthy, inheriting land in Scotland, England and France, and was generous with it.

'A better ladye was ther nane in al the ile of Mare Bretagne'
Wyntoun 1490

Devorgilla's Legacy

Here she comes now,
wading through the Nith,
his heart in her hand.

It's a long time since she held
her own heart in her mouth.
He'd been away so often.

Her waiting, watching, weeping,
never brought him back.
He came when he wanted,
as they all do.

Devorgilla

With a name like that
she'd have to be remembered.
Like so many, though,
it's through her husband.

Dulce cor, sweetheart,
she called him.
John – no name to write home about.
Balliol? Well, I suppose
that's memorable and
he did a few things.

Came also from a famous family,
and there she was,
carrying his heart around till she died
Weird eh?
Wouldn't be allowed now
Even a bit of ash is suspect
Folk would say
'get a life'.

Devorgilla in the Borderlands

Based in the south,
it's no wonder she was
'active in Anglo-Scots politics'.

Mother of John who ran for the throne
but stripped of insignia, toom tabard he fled.
Grandmother of Edward who was
kicked out of Annan –
'one leg booted the other was bare'.

You can't live near boundaries
without getting involved.
Losing a boot and a badge
are the least of your problems.

Not living at the heart of the matter,
skirting peripheries brings
its own perils;
Like finding your own centre.

Speaking from the Heart

I know you mean well but
let me out of here.

It's claustrophobic and
I'm bored.

Euthanasia is okay, you know.
Who are you to decide?

If only you *could* kill
with kindness.

I'd be well out of here.

Free.

New Abbey Villagers

Trouble is,
they think we're aw in the Borders.

'Sweetheart Abbey?
Oh aye, that's in the Borders.'

'Near Dumfries?
Oh aye, the Borders.'

'Galloway?
Oh aye, the Borders.'

Is it dickey.
Is Glesca oan the edge o Embro?

A hail chunk o Scotland
an naebodie kens whaur it is.

Or whit it is.

Identity crisis?
Whit identity crisis?
A ken whit A um –
borderin on the scunnert.

Dispensing Alms

That Mrs Devorgilla's great, ken.
Pure dead brilliant.

Gies us poor folk food
an money.

Calls ye intae the big hoose,
sits ye doon, smiles at ye.

Dispenses
goodness.

Ma only problem –
an A don't mean tae sound

ungrateful,
is that box wi the hairt

sits watchin ye the hail time.
Creepy or what?

Lady-in-Waiting

Madam, come away from the casement,
you're so pale.
You must eat, drink, sleep

You can do no more.
You have prayed endlessly –
sometimes all night.

I have watched you.

Here is your beautiful tapestry.
Barely stitched.
Try to finish it for his return?

The casement window frames you
like an abbey's archway.
Your eyes glisten with tears.

Come, fill your empty heart
with some joy and love.
You know I love you.

Let us make music together.
We could sing a prayer?
Lie down together?

Balliol Junior

You were only dead
three years, Mum,
when they made me
King of Scots.

I wish you'd seen it,
A fine pageant for folks.

Not that any of it
happened at New Abbey.

It was all up North
of course.

Settled Wills

Devorgilla
devotion
devout
death
devastated
devoured
desensitised
decisions
devise
develop
*
deconstruct
devalue
deviate
deliberate
destruct
devilish
devil-may-care
devilment
devil's advocate
devious
devise
devoid
*
demonstrations

devolve?
decide
democracy
denouement
devolution
*
death
democratic
debate

'Bitter Sweet within My Heart'

A tisket, a tasket,
What's in your casket?

The heart of my husband,
said Lady Devorgilla.

A tisket, a tasket,
What's in your basket?

The head of my mistress,
said Queen Mary's dog.

A tisket, a tasket,
Don't ask it, don't ask it.

Some memories are secret,
you don't want to know.

*The title is taken from a line of the Casket letters from
Mary Queen of Scots to her cousin Elizabeth I*

THREE

DRUNK WUMMAN

A Drunk Wumman Sittin oan a Thistle
An extract
(misquoted is aabody's property)

The pink jaggy bunnet o Scotland
Wee an sherp an jags ma bum
Best jist no tae sit on him.

We should hae kent fae Picts tae Punks
Tae no daur meddle wi him an his spunks!
Yer toorie's gallus, yer spikes feel sherper
Hae ye pitten on yer Doctor Martins?

Or is this thistle menopausal
Growin auld nae seeds tae scatter?
Never!

Here let me join ye this starry night
Up here on the hill A'm fu ... o delight.

Wee thistle ye've mair life tae lead,
Tho an ancient lass ye've bairns tae feed.

Or mibbe ye're sufferin PMT?
Never mind ye'll soon be free.
The tension ower the votes aw coontit,
Wir Parliament formed, the right wing routit.

Nae sleepin oot in cairdboard boxes
We'll burn a bonfire wi thir hoaxes.
Private beds, opt oot scuils,
Toffy noses, boolmoothed fools.

Tae climb this hill will be wir aim,
An celebrate by next Beltane.

A amna fou sae muckle as drunk . . . drunk dry . . .
    totally drained!

A'll mebbe sing a wifely thing
Apologise fir being that fou.
A lullabye is jist the job
An tae yer chowks A'll bring a sob.

Rock a bye baby if Mum's at the top
And goes back to work the cradle won't rock.
Ye can bet she'll be blamed if the faimilie should faw
And they caw in the Social Work, Cooncillors aw.

Talkin o seats ma ain's fair sair
Ye'll say A'm talkin throu it!
A'm awfie 'in yer face' in fack
An surely gan tae rue it.
Plenty tae rue bit mair tae delight in
How many wumman this nicht will be labourin?
Millions o wumman bring forth in pain,
An every bairn is aye worth haein.
An tae every wumman every bairn,
Is as muckle as Christ, it gans wi'oot sayin.
Tae be a wumman – an tae hae aw men's equal richts
Nae harder job tae wumman is in sight.

An doon the sweep o centuries,
Can ye list the artists' names?
The heroines and writers,
The painters who wir dames?

Naw! Well no as many
As there shuid be anyway.
My, is it no jist grand whit a wee dram can dae?
It maks ye rhyme – an talk sense tae!

So Emily Pankhurst and Florence o the Lamp,
Joan o Arc an wimmen in the auld Faslane Peace
    Camp,
A'll toast yer memory, lie still in yer graves.
The fight gans oan, we're yet makin waves.

So here's tae the sisters whose names have been shrunk,
Tae the size o apprentice tae husband's great wurk.

Tae Willa translator wi Edwin her man,
Who brought Kafka's darkness tae light wi her hand.
Or Bertolt Brecht's mistress who still tae this day,
Was mibbe the wan whae gave birth tae a play?
These marriages fine or lovers entwined,
Were addin thir seed o a lit'rary kind.

And curse tae the day when George Eliot thought,
That a lassie's real name wid ruin the lot.
And even tae nou in millennium years,
Dae we need wimmen's books and anthologies here?
Can we staun wi the men? Can we aw hae a jar?
A still meet ma pal ootside o the bar!
Or a tearoom we'll find insteid o a pub.
And are wimmen welcome doon at your club?

A thistle, A'm stertin tae stagger. A'll hae tae sit doon
Ma brain's gettin addled under this moon.
Ma dander's got up, A'm jist in full flight.
The drink maks ye blether an blether aw night.

Wheesht! Can ye hear them cry doon in the Common?
Girnin folk. Men an wimmen!

Drums in the Walligate, pipes in the air
Aw the lassies cryin that it isnae fair.

Bit it's no as it used tae be gin Grieve wis a loon
In Langholm or onie o the Border toons.

The bearer twirls her earrings an gowd bracelet
Fair as Roses her skin is set.

A five-fit lassie wid wallop a punch
Wi her young bosom buddie she has a hunch

That if her an her sisters hae onie say
There'll be nae thriepenny bits minted the day.

New pennies then ecus hiv replaced the siller
New Scotland will no be selt doon the river.

An A'll dance the nicht wi the stars in heaven
Fir lassies ye're right the future's bidden.

Nae mair relegations tae ootside the tent
Doffin yer caps tae the men history lent

Superiority jist fir a whyle.
So sup wi me sisters an gie us a smile.

Ye'll ride wi the rest at the Common Riding Day,
And form Constitutions up Parliament way.

Society will warm wi wir mitherin guid.
We'll shair oot the wealth an aw hae fine food.

Tae hell wi the blueness o each tae his ain,
Let's reborn this kintra fir oor dochters' weans.

There, A'm away again. A'm jist becomin a right wee pain.
A'd better get sober afore A gan hame
Or the neebours will talk an blacken ma name.
Get doon aff yer soapbox! Ma man wid be shouting.

Bit you ma freen thistle jist patiently listen.
Ah thistle woe is me,
Ye couldnae mak a wee cup o tea?
Tae quench ma thirst?
Thon alcohol jist leaves ye drouthie,
Ma een aw red, ma poems get couthie.

An whaur's yer love lines ye'll be wunnerin?
Does yer thochts no turn tae romance?
Does the drink no mak ye frisky?
Ye ken the situation though,
Wumman like thon ur considered risky.

Bit a man's a real man gin he's writin
Aboot or daein the physical.
Bit thon kinna wumman's jist a slut,
An should only write clean lyricals.

Could ye jist hae seen the history books if Rabbie wis a
    lass?
She'd o fun hersel wi child, cut aff at the first pass.
                          An wrote nae poems,
An nivver hid the chance tae write like Rantin Rovin
    Rabbie,
Who didnae try tae pen a poem while stuck at hame
    wi babbie.
                            Or write in Habbie.

Ay, thistle, whit's wir future?

We'll speak wi a voice that is common bit smert
Gaelic an Scots an English – the lot!
We'll ken whaur we cam frae an whaur we ur gan.
We'll aw hae a say each wumman an man.

Democracy lives, Socialism's no deid,
Tho there's plenty will argue we're saft in the heid.
An talkin o heids ma ain's gien me gyp,
The drink's wearin aff it's near time fir a kip.

A flattened the thistle, ma frock's nane the waur,
An A ken that this flooer will no be sae faur,
Fae springin back up tae its full magic height.
It's made o strang smeddum A've seen that this night.

Way up on the hill here the sterns fir ma freens,
The drink maks ye blether an talk o yer dreams.
Bit we hae tae keep dreamin or ocht we'll aw dee,
Ma sisters ma brithers ma Thistle an me.

Bit yince John kens whit A've been through
The nicht, A dinna doot it,
He'll ope his airms in welcome true,
And clack nae mair aboot it . . .

Sae cheery bye ma thistle freen,
As doon the brae we go.
An thanks fir bein a listenin lug,
Tae a lassie daft an fou.

Tak ma advice fir whit it's wirth,
An tae yersel be true.
Tho A'm in ma cups it's still gey clear,
We daurna meddle wi you.

The New Mannie

If ye want a nappy chynged jist gie us a bell,
fir A'm a new mannie, can ye no tell?
A'd've hid ma ain wean if only A could've,
an at the labour the wife says she wished A would've
fir then A could've breast fed them, bit A'm afraid
    A cannie.
Aye there are some limits tae bein a new mannie.

Bit she's doon the boozer wi her mates the night.
She's worked aw week so it's only right.
A mean A've had some sleepless nights A'll gie ye that,
bit ye cannae complain jist look at ma flat.
It's spick an span no a bit a stoor in sight,
the washin's aw done A've been at it aw night.
A'll dae a wee bit ironin, pit oan ma trannie.
Oh it's no that bad bein a new mannie.

Ra morra she says A can go wi the lads,
a bevvie, the fitba, a wee gemme o cards.
She'll take the wean tae its gran roon the street
get oot fir a drink an a wee bite tae eat,
wi some o the lassies she's kent aw her life.
She tells them she's lucky tae be such a wife
wi a new man at hame tae look efter the kid,
she'll mibbe hae anither when we're oot o the rid.
A'd get a joab if A could bit A cannie,
A'm needit at hame cos A'm a new mannie.

She's thinkin a haein a holiday soon –
a week in New York wi her pals fae the toon.
Will A stey at hame wi the wean fir the week?

A wisnae too sure if that wis a cheek
an takin advantage o me an ma role.
A'm hauf considerin gaun doon the dole
an gettin a joab an ma ain independence
bit she's says that's jist a load o auld nonsense.
'A don't want ma man workin,' she says that A cannie,
A'm no sure whit tae dae fir A'm a new mannie.

FOUR

THE LOCH DISTRICT

The Loch District

Southern lakes tuck
neatly into their country's west side.
Here, our lochs
stravaig across land,
scatter north to south.

Rim's edge,
pebbles reach shore,
creep deep into dark interiors.
Like stone people paddling,
dry at first,
pink, white, grey,
dipped by the lapping loch's ripples.

In the centre, small fish swim;
mind-like intuition before words form.
Swift, untrappable
heart-pulsing beats,
nerve-endings. Gills link to
that still spot before ice age or
first creature crawled on land,
man set foot,
woman gave birth,
nations formed.

Centre touched, circles move out,
ripples widen,
with words, speech to
families, nations.
Through seas and streets,
continents, galaxies,

waves oscillate,
nets interweave.

At the centre, still,
loch's deepest spot
where few sounds reach;
small vibrations twitch
fish gills, fins.

Over the Loch District,
mouths open, shut,
shout, kiss.

Loch

The loch kens its boondaries,
sure o forms frae
ice age days gin muckle
dunts filled,
wi watter
caller an clear.

Nae man an island they say,
bit whit o wumman like loch?
Settlt o her boondaries,
kennin her depths.

Pine circles watter's edge
thraws back thir ain swaps
on winless days,
like faithers, mithers,
sisters, brithers,
sons, dochters
generations repeatit, genes returnit.

The loch kens its deeper strechts
whaur dreid lurks or
warmer, shilpit pools whaur
lauchter, leisure, labour
can be heard.

The loch his derk islands
that monie try tae win bit
they're turnt back,
kept fae the secrets.

The loch hosts wee craiturs,
swimmin fish alang reeds,
buzzin draginflea, winterin geese.
Plays mither fir birthin,
speirs naethin in return.
Unconditional lou o a parent.

Nae questions speirit
the elements poond.
Licht braks,
nicht faws,
loch stauns.

The Thistle at the Beck

Coiling past this Cumbrian cottage
runs a beck, gushing white foam
onto Fell stone.

Gathering wood for the night's fire
I avoid handling thistles;
dark-headed things, small firework galaxies,
exploding cousins of our larger purples,
pinks at home.
Variations on a theme.

Across lands, it's in the names
you note the difference more keenly;

lake not loch,
beck not burn,
dale not glen.
Anglo-Saxon, Norse, Celtic,
spore-like scattering of loan words.

Holding a fallen branch, lichen is
child handshake soft.
Cut from its roots, no way back,
it's tossed on my fire tonight,
a welcome warmth;
moss hissing quietly like miners' bairns
whispering, in dark bunk rooms upstairs.

My last night in this miner's cottage.
Tomorrow home to kent sounds,
familiar syllables;

new words lodged like
slate on old floors.

The thistle back at the burn.

Found Book

Buried under maps of the Lake district,
old bus timetables, *Geology of Cumbria*,
a faded booklet surfaces in this
cottage I've borrowed.

*'Mardale – the drowned village
last Norse outpost in an
otherwise Celtic valley.'*

A brother and sister reminisce
of childhood days, their village
now submerged by water.

Long summers they ran in the hills.
Home for scones, cherry cake,
watched sheep shearing,
joined celebrations when
work was done.
The farm abuzz with neighbour helpers,
baba chorus of thinned sheep

Now adults, they've researched
this area's history:

Ull, the winter God, archer, ski runner;
Sigurd the dragon slayer;
dwarfs and Nibelungs;
At Urd's Spring the Norns chased
Odin's goat who'd eat the roots
of the Tree of Destiny.

Valkyries, Celtic gales,
galloped over Naddle Forest to
choose the dead for Valhalla.

Now, the ruined church,
Dun Bull Inn,
farmsteadings of the Dalesmen,
lie buried under water.

Valkyries, Valhalla, Ull.
Names to chant of a dark night.
Spirits circle winds of history.
stay buried mind pool deep.
Excavated randomly,
like found books.

We had no Zip Codes in Glasgow

Leafing through *Superman*,
Batman and best of all,
Casper the friendly ghost,
we'd reach the adverts;
boxes of tricks, joke glasses,
packets of powdered magic,
pens to write in invisible ink,
soap to make folks' hands go black.
Common place nowadays
but rare in fifties Glasgow.
These American comics
were
a wonderland for Scottish kids.
A glamorous transatlantic cousin
of *Oor Wullie, The Broons* and DC Thomson.
Just as we'd checked
the piggy bank, fetched the scissors
needed for the form,
you'd read the small print underneath
the dotted line. Those foreign words.
State, zip code, dollars.
In this wee land of postcodes, shires
and Scottish banknotes
our currency was void.
Unlike our folk,
these wouldn't cross the ocean.

lure

the
river
attracts
laughter, leisure, labour
weir-walking heron
otters when the water runs dry
cherishes those for whom life
is no longer a lure

rivers attract
madman's magnet
effluent, detritus, acid as
man tide-shifts like nature
power to scour-out seas

river's water
crystal clear
harbours harmonies
cloudless nights
even the tide-pulling moon
falls
for
it

Edwin Muir's Furst Fitba

Sae roon, sae saft
thi Orkney sun
on the green grun,
gliff o sunlicht
on steading door.

Bairn o seven dischairged
fae watching the slauchter.
Men yeuk like warriors,
a swine squeals atour the yerd
trotters clicking on corbled tiles.
Dirt fear flashin in its een,
a saw-like squaiking
fae the screed in its thrapple.

The skillet skailed, bluid struled
Sutherland cursed tae hae
sic reid hauns.
Hingin thro the sinnons
o its hin haughs,
harrigals fleitin in watter,
the swine swayed
and the bern bauks creaked.

Efter, bledder taen oot an
raised tae mooth,
it swelt gin till
they tethered it wae its thairm
an let it dry fur days.
Syne, kicked across the yerd
tae the boy, seik, scunnert,

'Here's yer baa, Edwin.'
Jist as yin day he'd be laith fu
at Glesca's mauk baneyerd
or Warsaw's weir teirin vennels.

A Fa indeed
sae sherp, sae herd.

Mindin the Sabbath

Whit kinna cratur
canna let a lass
mak claes fir her bairn?

Seein the saft white wool,
she'd pickt up the needles
an stertit tae knit
tae clothe her bairn,
till the mither cried 'stop'.

Pickin oot ilka row
the lass wid mind
oan this the morra.
An in the lang time tae come,
she'll think o this day,
till ilka stitch unpickt
wis the unravellin
o her faith.

cree seasons

AUTUMN CREE

leaves kaleidoscope
amber, gold, russet, orange
amadou fungus mushrooms
migratory geese cry
berries, nuts squirrel into banks
autumn mists ghost in

WINTER CREE

words hibernate in cool air
branches high-wind snap
frozen foliage tinkles
sugar icing frosts banks
chest-puffed robins carol
peace penetrates happed hearts

SPRING CREE

Galloway greens again
the river silvered with
white eggs, sharp scent of cucumber
sweet vernal grass
vanillas air
hope buds like catkins

SUMMER CREE

river traffic buzzes
mayfly, dragonfly, dipper
ripple-arc surfaces
swallows water-pattern weave
Japanese Knotweed
kimonos the earth

Salmo Salar

Salmo salar, the leaper. Praised by ancient Gaelic
   heroes.
Parr to smolt, grilse to salmon.
Scale-aged like tree rings, homeward scent powers
   razor sharp.
Belly full, prawns, shrimps, sand-eels from the sea.
Spawn fasting, starved in a winter river,
silver shed for home-journey's red-striped hue.
Hen's silvered-purple back glides up stream.
Atlantic to Cree, Cree to Atlantic.

The Pools wait; Doctor, Gasworks, Slaughterhouse,
(once the Dookin Pool where swimmers learned)
Birthpool doubles as death bed.
Fishermen dream, wave fine rods – greenheart,
   cork handles.
Weave fish-capturing spells with magical flies:
green highlander, general practitioner,
stoat's tail, silver doctor, teal blue.
Abracadaver. Fish spells all.

*This poem is carved into an oak handrail on the banks
of the River Cree, Galloway*

The Bubble-glass Window

Searing down the narrow valley,
Cuingealach, the witches came.
Down the Grey Glen by Crawick stream
they sped, hair and robes flying
in the winds of exposed place.
Banshee noises petrified the villagers,
who locked their doors, retreated inside
thatched but and bens,
cowered under box beds
to pray for peace.
Pray evil outsiders
would pass on.

Once, a villager heard them come,
cried at the thunderclap announcing arrival,
knew from the cobbled path's clatter
that a witch had stopped at his cottage.

Only the howling of wind
through the Coffin Road,
rain running down the Roman road,
broke the panicked silence.
A dark shadow fell upon the cottage hearth;
a pointed hat poised at a window.

Suddenly, with a shriek to echo round
the Lowther mountains,
the witch fled, rising, cackling,
onto a long broomstick which
blotted out what little remained
of the dull day.

He couldn't believe the fiend had left.
What had sent it fleeing?
Aching, cramped, he hurried outside,
braved the rain reduced to drizzle,
stood at the small-paned cottage window,
(no skills yet to make sheet glass),
bubbled concave, it mirrored back
his own fear-lined face.

In an instant he knew: the witch had fled
because it thought another fiend looked back.
Its own reflection!
Small nervous laughter began within the villager,
growing to a thunder-rumble, he
gathered confidence, knew now how
to deflect demons.

Or thought he did (as we might),
till one time, catching his own reflection,
on a night dark and troublesome,
storm and demon remained.

At one time every cottage in Wanlockhead made sure
it had a small-paned, concave window . . .

Red Suit

Once, when you were small
and our garden ran on to the beach,
you walked straight into the sea
in your all-in-one red suit.

Those days, sheep nibbled grass
on our doorstep and the
Machar Mhor was visible at low tide.
A shepherd took the beasts
across the channel then, looking,
for all the world, like a
biblical figure.

Blues skies stretched for miles
in an Easter Ross sky
shot through with cirrus clouds
and low-flying jet planes.

Once, startled by the roars
you cried in your pram.
But you'd no fear of the sea then
walking on into it like a Jesus
on water till we stopped you,
lifted you up laughing to save you
from the icy waves soaking
your waterproof legs

Now, heading for Glasgow Airport
twenty years later in a thick fog,
half five in the morning and you're
still hungover from a send off night

with pals. I wish I could lift you
laughing, protect you from whatever
awaits on this adventure you're set on.

But I have to let go
can't clothe you anymore in your
all-in-one suit, protect you from
stormy seas that leave small
tear drops like a haar
on my face.

Cross-section
for John

On the floor of our caravan,
your small, plastic compass points north.
Laid out on the OS map,
it clearly lines up with all we see;
Plada, the Irish Sea and
Arran's southernmost tip.

Finding direction seems simple,
on our holiday landscape.

Seals bask at the shoreline,
eiders blow into the bay,
a lighthouse winks in the dusk.

Inside, our wet coats drip,
from coat hangers, curtain rails.
Rivulets cross the floor,
green lino looks marshy.
Clouds of condensation mist windows
as smells of drying clothes start up.

Hot tea in strange cups with
fissures of cracked glaze;
lingering gas smells from the boiler,
crazy, orange patterned curtains,
rain crashing off our shell of ceiling.

All of this could disorientate me,
like a dark day or a strange horizon.

Watching the contours of your wet, tousled hair,
familiar lines mapped across your face,
I know I've found my bearings.

In Memoriam Solway Harvester

It is the saddest thing
gin loved yins dinnae come hame
whither sea or soil or sky
has taen them.

This time it's the sea's turn.
The Solway is the harvester,
haulin in a fine catch o
seeven young men fae soothwest villages;
brothers, cousins, husbands, sons.

Fae boyhood days they kent the sea,
fir leisure or labour,
fae skytin stanes abuin it
tae skipperin ships across it.

In Machars hames an kirks,
faimilies an freens haud hans,
fin words tae mend crackt hairts
dark as the deepest ocean.

Bit nane will dae sae weel as
Time an tears,
wavin in wi the Spring tides
ower Ninian's land.

These mists o watter,
are mair nor jist a haar
comin in fae the wild sea,
as Gallowa folk greet thegither
fir thir deid sons.

May licht brak,
in days tae come,
as the year grows.

Fir it is the saddest thing
gin loved yins dinna come hame,
whither sea, or soil, or sky,
has taen them.

Out of the Underworld

Scotland,
like Orpheus,
you mustn't look back.

Warned to forge on
lest his Eurydice disappear,
he would not wait.

Plunged into abject despair,
all women were shunned
and those Thracian women
swore, seized him
and tore him apart.

Beheaded now,
the Hebrus river caught him,
carried his crying voice
to the Aegean's warm mouth.

Such a skill for music;
rivers stood still to hear his strains,
mountains bowed their heads,
but Orpheus was lost.

Scotland, your music will outlast
any number of
Thracian-like folk.

Your ancient voices carry,
for centuries further,
the sound of your poetry
through any stormy sea.